KB205596

5대 솔라 성경공부 4

개혁주의생명신학 선언문

오직 은혜

지은이 **장 종 현**

장종현 박사는 충남 아산시 영인면 성내리 안골에서 농부의 아들로 태어났습니다. 중학교 3학년 때 예수님을 영접한 이후 무릎 꿇고 받은 사명을 감당하기 위해 1976년 11월 1일 "진리가 너희를 자유케 하리라"(요 8:32)는 말씀을 붙잡고 백석학원(백석대학교, 백석문화대학교, 백석예술대학교, 백석대학교평생교육신학원)과 기독교연합신문사를 설립했습니다.

그는 백석학원이 세상에 존재하는 또 하나의 대학이 아니라 오직 하나님의 말씀에 의해서 사람을 변화시키고 영적 생명을 살리는 기독교 대학을 세우기 위해 일평생 헌신하고 있습니다. 그는 개혁주의 5대 표어를 생명처럼 여기면서 신학이 학문으로 전락해서는 안 되고 그리스도의 생명이어야 한다는 것을 깊이 깨닫고 개혁주의생명신학을 주창했습니다. 개혁주의생명신학은 개혁주의신학을 실천하는 운동입니다. 본서는 5대 솔라를 현재의 의미로 재해석해 삶 속에서 적용하도록 안내하는 성경공부 교재입니다.

오직 하나님께 영광!

백석연구소 총서 6-4
5대 솔라 성경공부 4
개혁주의생명신학 선언문 : 오직 은혜

발행일 2020년 10월 31일 초판 1쇄
지은이 장종현
발행처 백석정신아카데미
  충청남도 천안시 동남구 문암로 76
  전화: 041)550-2090 팩스: 041)550-0450
문제출제 장동민(백석대학교 기독교학부)
펴낸곳 기독교연합신문사(도서출판 UCN)
  등록번호: 제21-347호 등록일자: 1992년 6월 28일
  주소: 서울특별시 서초구 남부순환로 2221 5층
  전화: 02)585-0812 팩스: 02)585-6683
  전자우편: ucndesign@naver.com
디자인·인쇄 기독교연합신문사 디자인실
ISBN 978-89-6006-919-0 93230

5대 솔라 성경공부 4

개혁주의생명신학 선언문

오직 은혜

장종현 지음

도서
출판 UCN

4. 오직 은혜

교회와 세상을 변화시키는
개혁주의 5대 솔라

　500여 년 전 중세교회는 교황의 권위와 교회의 전통을 성경 위에 두는 죄를 범했습니다. 종교개혁자들은 이러한 잘못된 가르침에 맞서 '5대 솔라'의 신앙원리를 정립했습니다. '5대 솔라'는 '오직 성경', '오직 그리스도', '오직 믿음', '오직 은혜', '오직 하나님께 영광'입니다. 이는 성경에 근거한 가르침으로, 개혁주의신학(Reformed Theology)의 핵심입니다. 그러나 오늘의 개혁주의신학은 종교개혁의 정신을 잃어버렸습니다. 학문과 교리는 붙들면서도 말씀에 순종하는 삶은 소홀히 함으로 복음의 생명력을 약화시켰습니다. 참된 신학은 성령의 도우심으로 하나님과 예수 그리스도를 인격적으로 아는 것입니다. 성령의 인도하심을 받지 않는 신학에는 예수 그리스도의 생명이 없습니다. 신학은 학문이 아닙니다. 예수 그리스도의 생명의 복음입니다.

　개혁주의신학이 예수 그리스도의 생명을 회복하도록 우리는 '개혁주의생명신학'(Reformed Life Theology)을 주창하고 실천해 왔습니다. 이는 새로운 신학이 아닙니다. 개혁주의생명신학은 교회와 세상을 말씀에 비추어 보아 그릇된 것은 바로잡고 올바른 것은 계승하는 개혁주의신학을 따릅니다. 개혁주의생명신학은 하나님의 말씀 가운데 나타나는 예수 그리스도의 생명의 역사가 회복되기를 소망합니다. 이를 위해 성령의 인도하심을 따라 먼저 자신을 말씀과 기도 가운데 개혁하고, 교회를 예수 그리스도의 생명으로 새롭게 하며, 세상을 예수 그리스도의 복음과 사랑으로 변화시키려 합니다.

우리 총회와 백석학원은 종교개혁 500주년을 맞이하여 새로운 각오와 결단으로 하나님의 말씀인 성경을 근본으로 삼아 『개혁주의생명신학 선언문』(2017년)을 교회와 세상을 향해 내어놓았습니다. 『개혁주의생명신학 선언문』은 장로교를 비롯한 모든 교파들이 수용할 수 있는 '종교개혁의 5대 솔라'를 현재의 의미로 재해석하는 일에 많은 노력을 기울였습니다. 한국교회의 가장 큰 문제인 분열과 세속화를 성경 중심으로 해결할 수 있도록 한 것입니다. '종교개혁의 5대 솔라'는 500년 전에만 효력이 있었던 것이 아니라 성경을 기준으로 살아가는 오늘의 우리에게도 여전히 능력이 있으며, 참된 신앙의 원리임을 재발견하였습니다.

그것은 단지 종교개혁자들의 신앙을 대변하는 구호에 그치지 않고, 우리의 삶 가운데서 살아내야 할 하나님의 생명 있는 말씀임을 확인한 것입니다. 『개혁주의생명신학 선언문』은 무너져가는 한국교회를 16세기 종교개혁의 정신으로 다시 살려내기 위해 '개혁주의 5대 솔라'를 중점적으로 다루고 있습니다. 종교개혁 503주년을 맞이하면서『개혁주의생명신학 선언문』에서 명시하는 개혁주의 5대 솔라를 성도들이 쉽게 연구하면서 삶 속에 적용하기 위한 성경문제집을 발간합니다.

이번에 발간되는『5대 솔라 성경공부』(2020년)는 이미 출판된『백석학원의 설립정신』(2014년)과『개혁주의생명신학 선언문』(2017년),『개혁주의생명신학 7대 실천운동』(2018년)과 개혁주의생명신학 7대 실천운동을 다룬『생명을 살리는 성경공부』(2019)와 함께 '신학은 학문이 아니라 영적 생명을 살리는 복음이며, 나아가 교회와 세상을 변화시키는 마중물이 되어야 한다'는 개혁주의생명신학의 근본 취지를 드러내고 있습니다. 아무쪼록『5대 솔라 성경공부』(2020년)가 500여 년 전에 불같이 일어났던 종교개혁의 참된 정신을 회복하게 하는 불쏘시개가 되어 한국교회를 새롭게 하며, 생명을 살리는 진원지 역할을 감당하는 일에 조금이나마 도움이 되기를 바라는 마음을 담아 본 교재를 세상에 내놓습니다.

2020년 10월 31일
(종교개혁 503주년에 즈음하여)

백석대학교 · 백석문화대학교 · 백석예술대학교
백석대학교평생교육신학원 · 기독교연합신문사

설립자 장종현 박사

1

은혜 위에 은혜

핵심 성경구절

"우리가 다 그의 충만한 데서 받으니 은혜 위에 은혜러라"(요 1:16).

그 어떤 자랑이나 공로도 있을 수 없습니다. 우리의 구원은 오직 하나님께서 보내신 그 아들 예수 그리스도의 순종하심을 근거로 이루어진 것입니다. 성부 하나님께서 뜻하시고, 성자 하나님께서 그 아버지의 뜻에 따라 이 땅에 오셨습니다. 아버지의 뜻은 죄 없으신 그 아들이 우리의 죄를 대신 짊어지시고 죽음의 형벌을 받아 우리를 죄와 사망의 권세로부터 해방시키는 것을 포함합니다.

- 『개혁주의생명신학 선언문』, 100.

○ 놀라운 하나님의 은혜, 존 뉴턴 이야기

존 뉴턴(1725-1807)은 영국 런던에서 출생하였습니다. 어머니는 독실한 청교도로서 어린 뉴턴에게 성경과 문학을 가르쳤지만 일찍 돌아가셨습니다. 뉴턴의 생애는 이때부터 암흑 길로 접어들었습니다. 그는 선장이었던 아버지를 따라 열한 살 때부터 선원이 되어 거칠고 방탕한 삶을 살았습니다. 마음 한 구석에는 어머니가 심어 준 신앙의 싹이 자라고 있었으나 가시덤불 같은 환경에서 열매를 맺을 수 없었습니다. 입대, 탈영, 투옥과 같은 험한 삶 끝에 결국 아프리카로 가는 노예선에 팔리기까지 하였습니다.

15개월의 노예생활 끝에 기적적으로 구조되어 노예선 선장이 되었습니다. 엄청난 폭풍을 만나 흔들리는 배 위에서, 그는 어머니의 말씀을 기억하며 기도하였습니다. "주여, 우리에게 자비를 베푸소서." 간절히 기도하던 그는 지난날의 추악한 죄들이 떠올라 격정적인 눈물의 회심을 경험하였습니다. 그의 나이 30세에 신학공부에 매진하였고 39세에 목사가 되어 이후 43년 동안 복음을 증거하였습니다. 그는 당시 영국의회에서 노예폐지 운동을 이끌었던 윌리엄 윌버포스에게 큰 영향을 주었고, 위대한 선교사 윌리엄 캐리에게도 영감을 주었습니다.

그는 자신의 과거 체험을 바탕으로 수많은 찬송시들을 지었는데, 그중 가장 유명한 것이 바로 "Amazing Grace"(나 같은 죄인 살리신, 찬송가 405장)입니다. 3절의 가사를 영어에서 직역하면 다음과 같습니다. "수많은 위험과 싸움과 덫을 지나/ 나 이제 여기 왔다네 / 그 은혜가 나를 여기까지 안전히 이끄셨고/ 그 은혜가 나를 집으로 인도하신다네." [존 뉴턴, 『존 뉴턴 서한집』, 크리스천다이제스트]

1. 하나님은 은혜를 몇몇 위대한 인물들에게만 베푸시는 것이 아닙니다. 나의 과거 삶을 돌아보며 많은 위험과 싸움과 덫에서 건져 주신 하나님의 은혜를 경험한 일을 서로 나누어 봅시다.

○ '은혜', 하나님이 인간에게 거저 주시는 선물

2. '은혜'(grace)란 무엇이며 어디에서 오는 것입니까?

약 1:17 _____

_____

_____

요 1:14 _____

_____

_____

은혜란 하나님께서 인간에게 거저 주시는 선물을 가리키는 말입니다. 하나님은 모든 좋은 것들을 인간에게 주기를 기뻐하십니다. 하나님이 주신 선물의 절정은 아들 예수 그리스도를 이 땅에 보내 주신 것입니다. 예수님이야말로 은혜의 화신입니다. 우리는 예수님의 삶을 통하여 하나님의 은혜가 어떠한지 알 수 있습니다.

3. 기독교가 다른 철학이나 윤리사상이나 종교와 다른 가장 중요한 점이 무엇입니까?

요 1:17 --

고후 8:9 --

은혜는 기독교 가르침의 핵심입니다. 세상의 다른 모든 종교들은 경건이나 선행 등 인간의 노력을 통하여 구원을 얻는다고 가르칩니다. 힌두교의 카르마(업보), 불교의 참선, 유교의 인의예지(仁義禮智), 이슬람교의 선행과 참회, 유대교의 율법 등. 그러나 성경에서는 먼저 아무런 조건 없이, 인간의 노력 없이, 하나님의 사랑이

주어진다고 가르칩니다.

◦ 하나님의 가장 큰 은혜, 예수 그리스도를 통한 구원

4. 하나님이 우리에게 은혜로 주신 것 가운데 가장 큰 선물이 무
엇입니까?

롬 3:24-25상 ···

··

··

··

··

··

하나님이 우리에게 주신 선물 가운데 가장 큰 것은 바로 예수님을
통한 우리의 구원입니다. '속량'(贖良)은 속전을 지불함으로써 노
예를 풀어 자유인이 되게 한다는 뜻입니다. 예수님의 목숨이 노

예인 우리를 해방시키기 위한 대속물, 즉 몸값입니다. '화목제물'
이라는 말은 정의감에서 나오는 하나님의 분노를 가라앉히고 하
나님과 사람의 사이를 화해시키는 제물이라는 뜻입니다. 그 제물
이 바로 예수 그리스도이고, 십자가에서 흘리신 피로 하나님과 우
리 사이에 화해가 이루어졌습니다.

막 10:45 ....

....

성경 안에 도덕과 윤리가 있고, 정의와 희생의 정신이 있고, 경건
과 영성이 있지만, 그 핵심은 예수님이 우리 죄를 위하여 십자가
에 죽으셨다는 도리입니다. 대속의 가르침이 있으면 성경의 모든
다른 가르침들이 빛을 발하지만, 이 가르침이 없으면 의미가 없어
집니다. 예수님이 우리를 대신하신 죽음이라는 도(道)가 없으면
기독교가 아니라, 기독교의 탈을 쓴 인간주의에 불과합니다.

5. 하나님이 주신 구원의 값은 어느 정도입니까?

벧전 1:19

어떤 사람들은 하나님께서 값없이 은혜로 주셨다는 말씀을 오해하여 그 은혜를 함부로 대하는 경우가 있습니다. 값없이 주는 것은 두 가지 종류가 있습니다. 값어치가 나가지 않는 것이라서 거저 주는 것이 있을 수 있고, 때로는 너무 소중하여 값으로 칠 수 없는 것도 있습니다. 하나님이 주신 선물은 물론 후자입니다.

○ **구원받은 이후에도 하나님의 은혜는 계속된다**

6. 예수님이 주시는 은혜의 지속성과 풍성함에 대하여 성경은 무엇이라 말씀합니까?

요 1:16 _____

_____

요 10:10 _____

_____

_____

"은혜 위에 은혜!"(Grace upon grace)는 무슨 뜻일까요? 이미 은혜를 받아서 하나님의 백성이 되었는데, 그 이후에도 계속 은혜를 주신다는 뜻입니다. 한 번 은혜 받고 구원 얻은 것으로 끝나는 것이 아니라, 그 은혜를 더 깊이 깨닫습니다. 생명을 가진 사람은 단지 살아 있는 것이 아니라 의미와 기쁨으로 충일한 진정한 삶을 살게 됩니다.

7. 지속적으로 더욱 큰 은혜를 얻기 위하여 우리가 무엇을 해야
   하겠습니까?

약 4:6 ---

히 4:16 --

하나님과 사람의 관계를 설명하기 위하여 부모와 자녀의 예를 들
수 있습니다. 부모가 자녀에게 베푼 은혜는 어떤 조건도 없는 순
전한 호의에서 비롯된 것입니다. 만일 자녀가 은혜를 잊고 부모
를 배신한다고 해도 부모는 계속 호의를 베풀려 할 것입니다. 그
러나 자녀가 부모에게 감사하는 마음을 가지고 사랑과 순종의 관
계를 맺으려 한다면, 그 자녀에 대한 사랑이 깊어짐은 물론 부모
가 가진 모든 좋은 것을 누릴 수 있을 것입니다.

NOTE

핵심 포인트

하나님의 은혜는 우리 구원의 근원이고 삶의 기초입니다. 한 번 은혜를 주시고 그치는 것이 아니라 지속적으로 은혜를 베푸심으로 우리의 신앙생활을 풍성하게 해 주십니다. 그 은혜를 더욱 깊이 깨닫기 위하여 하나님의 보좌 앞에 매일 나아갑시다.

한 주간 기도

우리에게 예수님을 보내 주셔서 구원해 주신 것만도 감사한데, 지속적으로 더 깊은 은혜 속으로 들어갈 수 있도록 하심을 감사드립니다. 더욱 겸손히 은혜의 보좌 앞에 나아가오니, 우리를 모든 시험에서 건지시고 하늘의 풍성함을 맛보게 하소서.

한 주간의 실천

말씀의 거울로 본 나의 삶	월	화	수	목	금	토	주일
1. 은혜로 구원 받음에 날마다 감사하고 있는가?							
2. 하나님의 은혜에 더 깊이 들어가기 위하여 날마다 기도에 힘쓰는가?							
3. 지금 내가 겪고 있는 시련이나 유혹이 있는가? 이것들을 하나님께 맡기고 인도하심을 구하고 있는가?							

2

은혜 아래 있는 삶

핵심 성경구절

"죄가 너희를 주장하지 못하리니, 이는 너희가 법 아래 있지 아니하고 은혜 아래에 있음이라"(롬 6:14).

"예수 그리스도를 믿고 세례를 통해 그와 연합한 자가 예수 그리스도의 생명과 거룩 없이 산다는 것은 거짓이요 자기기만일 뿐입니다. 하지만 오늘날 하나님의 구원의 은혜를 남용하는 현상은 비일비재합니다. 하나님의 은혜를 방탕과 탐욕거리로 변질시키는 거짓 복음이 횡행합니다. 하나님께서 우리에게 은혜의 복음을 주신 것은 다시 죄에 얽매여 죄로 인해 망하는 거짓 자유를 위한 것이 아닙니다. 도리어 경건과 선한 일을 통해 참 백성을 만들기 위해 주신 것입니다."

– 『개혁주의생명신학 선언문』, 102.

○ **값없이 주어지는 사랑의 선물**

미국의 흑인 여가수 셜리 시저의 복음송 "No Charge"(무료)의 가사입니다.

저녁 준비를 하고 있는데, 내 아이가 부엌에 와서, 종잇조각 하나를 주었다. 손을 앞치마에 닦고 그 종이를 받아 읽었다. 거기엔 이렇게 쓰여 있었다.

"잔디 깎은 대가로 5달러/ 이번 주 내 침대 정리 1달러/ 가게 심부름 50센트/ 엄마 가게 간 동안 동생 돌봐 준 값 25센트/ 쓰레기 버린 일 1달러/ 좋은 성적 받아온 값 5달러/ 마당 쓴 값 2달러/ 총 청구금액 14달러 75센트"

잔뜩 기대하고 있는 아이를 보면서 내 마음속에는 만 가지의 생각이 스쳐 지나갔다.

그래서 난 그 종이 뒷면에 펜을 들어 썼다.

"아홉 달 동안 내 뱃속에서 너를 키운 값, 무료(No Charge!)/ 아플 때마다 잠 못 자고 너를 위해 기도하고 간호해 준 값, 무료/ 수년 동안 너를 위해 시간 투자하고 너를 위해 눈물 흘렸던 일들, 무료/ 네 걱정으로 가득 찬 나날들, 네 장래를 위한 염려들, 무료/ 네게 준 충고와 가르침들, 네 미래의 대학 학비, 무료/ 장난감, 음식, 옷, 네 콧물 닦아 준 일, 무료/ 나의 모든 사랑의 값을 합하여도 값은 무료란다."

글을 다 읽은 아이 눈에는 커다란 눈물이 글썽이고 있었다. 그리고 나를 올려 보며 말하기를, "엄마, 정말 사랑해!"라고 하였다. [Shirley Caesar, "No Charge," 유트브 https://youtu.be/WWaBZEmY4jI]

1. "하나님은 모든 곳에 있을 수 없어서 어머니들을 만드셨다"라는 서양의 격언처럼, 때로 하나님의 은혜가 사람을 통해 보입니다. 내가 사람들로부터 받은 은혜가 무엇인지, 그 은혜를 어떻게 보답하며 살고 있는지 나누어 봅시다.

○ 은혜 아래 있는 삶, 감사와 기쁨

2. 은혜는 받을 자격이 없는 사람에게 값없이 주어지는 사랑의 선물이라고 정의할 수 있습니다. 진정으로 은혜를 받은 사람은 그 마음이 변화되기 마련입니다. 어떤 변화가 일어납니까?

고후 9:15 ┄┄┄
딤전 1:12 ┄┄┄

┄┄

'은혜'로 번역되는 헬라어 단어는 '감사' 혹은 '만족함' 등으로 번역될 수도 있습니다. '은혜를 받았다'는 말은 예수님이 은혜 주신 것을 마음 깊이 깨닫는 것입니다. 많은 경우 고난 가운데 하나님의 사랑을 깨닫고 평안과 위로와 새로운 소망이 생길 때 사용하는 표현입니다. 예수 믿는 사람의 기본적인 정서가 감사입니다.

3. 감사와 더불어 찾아오는 것이 기쁨입니다. 자격이 없는데 구원의 은혜와 더 풍성한 은혜를 누리는 데서 오는 기쁨입니다. 그리스도인의 기쁨의 특징이 무엇입니까?

빌 2:17 _____

_____

약 1:2 _____

_____

'기쁨'이라는 헬라어는 '은혜'와 같은 어근을 가졌습니다. 은혜를 받은 사람의 기본적인 정서는 기쁨인데, 이 기쁨은 기뻐할 만한 외적인 일이 있어서만 기뻐하는 것이 아닙니다. 하나님이 우리에게 날마다 은혜를 베푸심으로 우리는 다른 이들을 위하여 희생하면서도, 또한 환난과 역경을 만날 때에도 기뻐할 수 있습니다.

○ 은혜 아래 있는 삶, 죄를 미워함

4. 우리가 죄인일 때 하나님이 먼저 은혜로 우리를 용서하셨으므로 계속 죄를 지어도 괜찮겠다는 생각을 가지는 사람이 있을 수 있습니다. 성경은 이들에게 무엇이라 말씀하십니까?

롬 6:1-2 ---

롬 6:4 ---

진정한 하나님의 은혜를 받은 사람은 그리스도와 연합하여 그와 날마다 교제하는 사람입니다. 그리스도께서 나의 죄 때문에 죽으신 것이 은혜의 핵심인데, 또다시 죄를 지어 그분을 슬프게 할 수는 없습니다. 그리스도의 생명이 내 안에서 약동하고 있는데 더

럽고 추한 죄 가운데서 어둡게 보낼 수는 없습니다.

5. 죄를 용서받은 사람의 마음에 대하여 다음 구절은 어떻게 묘
사하고 있습니까?

시 51:17

'상한 심령의 제사'가 무엇일까요? 은혜 아래 있는 사람은 특혜를
받았기 때문에, 그럼에도 불구하고 또 죄를 지었기 때문에 하나
님께 죄송스럽습니다. 나는 하나님으로부터 용서를 받는데, 나
때문에 손해를 입고 인격에 상처를 받고, 피해를 받아 고통을 겪
고 있는 사람들을 생각할 때 어찌할 바를 모릅니다.

눅 18:13

예수 그리스도의 속죄사역은 단번에 끝났고, 우리가 믿는 순간 하나님의 자녀가 되었지만, 그와 교제하기 위하여 속죄사역은 매번 기억되어야 합니다. 하나님과 진정으로 교제하는 사람은 그 앞에서 항상 죄의식을 느낄 수밖에 없습니다. 가슴을 치며 나를 불쌍히 여겨 달라고 간구할 수밖에 없습니다.

○ 은혜 아래 있는 삶: 관용과 겸손

6. 하나님으로부터 은혜를 받은 사람은 다른 사람에 대한 마음도 달라지기 마련입니다. 어떻게 달라집니까?

마 18:35 --

하나님으로부터 용서를 받은 사람은 자연스럽게 다른 사람을 용서하려는 마음이 생깁니다. 용서의 체험이 큰 사람은 큰 죄를 지은 사람도 용서할 수 있습니다.

벧전 4:8 ┈┈┈┈┈┈┈┈┈┈┈┈┈┈┈┈┈┈┈┈┈┈┈┈┈┈┈┈┈┈┈┈┈┈┈┈

사랑은 죄를 덮어 줍니다. 하나님이 우리의 죄를 들추시면 우리는 부끄러워 설 수 없습니다. 메마른 정의감이 아니라 다른 이의 허물을 덮어주는 사랑이 세상을 공정하고 아름답게 만들어 줍니다.

7. 은혜를 입은 사람에게 나타나는 또 하나의 마음의 변화는 바로 겸손입니다. 은혜와 겸손은 어떤 관계가 있습니까?

빌 2:3 ┈┈┈┈┈┈┈┈┈┈┈┈┈┈┈┈┈┈┈┈┈┈┈┈┈┈┈┈┈┈┈┈┈┈┈┈┈┈

┈┈┈

약 4:6 ┈┈┈┈┈┈┈┈┈┈┈┈┈┈┈┈┈┈┈┈┈┈┈┈┈┈┈┈┈┈┈┈┈┈┈┈┈┈

┈┈┈

┈┈┈

은혜와 겸손은 뗄 수 없는 관계에 있습니다. 은혜를 받은 사람은 겸손하기 마련입니다. 아무런 가치가 없는 인생이 하나님의 큰 은혜를 받았다는 사실을 알기 때문입니다. 또한 겸손한 사람에게는 하나님께서 더 큰 은혜를 주십니다. 우리의 삶에서 겸손과 은혜의 선순환이 날마다 이루어지기를 원합니다.

NOTE

핵심 포인트

은혜를 받은 사람은 은혜 아래 있는 삶을 살게 됩니다. 은혜가 나의 마음을 지배하는 것이지요. 하나님 앞에서는 감사와 기쁨이 넘치고 겸손히 은혜를 구합니다. 사람들에게는 마음이 넓어져서 용서하고 베풀고 관용합니다. 그러면서도 나의 죄 때문에 십자가를 지신 예수님을 생각하면서 늘 나와 세상의 죄를 슬퍼하고 눈물 흘리는 삶이 은혜 받은 신자의 모습입니다.

한 주간 기도

크신 은혜를 베푸신 것을 진실로 감사드립니다. 죄가 더 이상 나를 지배하지 않고 은혜의 지배를 받는 사람, 그리스도와 함께 죽고 그와 함께 다시 사는 사람이 되게 해 주세요. 다른 이를 나보다 낮게 여기며 용서하고 덮어 주는 인격으로 자라게 해 주세요.

한 주간의 실천

말씀의 거울로 본 나의 삶	월	화	수	목	금	토	주일
1. 하나님의 은혜를 매일 기뻐하며 감사하고 있는가?							
2. 하나님의 은혜를 생각하며 더욱 거룩해지기 위하여 애쓰고 있는가?							
3. 지금 나와 어그러진 관계에 있는 사람이 있는지 생각해 보자. 그들을 용서하고 그들과 화해하기 위하여 노력하고 있는가?							

3 자랑할 데가 어디 있느냐?

핵심 성경구절

"그런즉 자랑할 데가 어디냐 있을 수가 없느니라 무슨 법으로냐 행위로냐 아니라 오직 믿음의 법으로니라"(롬 3:27).

우리가 서로 다투는 이유는 교만한 마음을 품고 남보다 잘났다는 생각을 하기 때문입니다. 이런 교만한 마음이 생기는 것은 우리의 모든 것이 하나님의 은혜임을 인정하지 못하기 때문입니다. 모든 것이 하나님의 은혜임을 아는 사람은 교만한 마음을 품고 서로 잘났다고 싸우지 않습니다…. '오직 은혜'를 외치는 데서 끝나지 말고 반목과 질시, 분열과 다툼을 내어 버리고 자기를 부인하고 서로 용서하고 화목해야 합니다. 주어진 일을 감당할 때 대가를 기대하지 않고 주님의 은혜에 감사하면서 일하는 하나님의 일꾼이 되어야 합니다.

– 『개혁주의생명신학 선언문』 103-104.

○ 사랑의 원자탄, 손양원 목사 이야기

손양원 목사님은 우리 민족사의 가장 어두운 시대를 지나면서 가장 고통받는 사람들(한센병 환자)을 위하여 살았습니다. 그는 한센인들이 모인 여수 애양원교회 공동체를 돌보는 것을 평생의 사명으로 여겼습니다. 몸에서 진물이 흐르는 환자들을 안고 기도하였으며, 한 환자가 다리에 난 상처로 밤새 고통을 당할 때 친히 그 상처의 고름을 빨아내기도 하였다고 합니다.

1948년 여순 사건 때 큰아들 동인과 작은아들 동신을 한꺼번에 잃었습니다. 사범학교와 중학교에 다니던 두 아들을 같은 학교 학생 안재선이라는 사람이 총으로 쏴서 죽인 것입니다. 하늘이 무너지는 아픔 속에서도 그는 온 세상이 깜짝 놀랄 결심을 하였습니다. 바로 두 아들의 살해범으로 체포되어 사형을 받게 될 안재선의 구명운동에 앞장서고, 결국 그를 양자로 삼기까지 하였습니다.

그가 자기 아들들을 죽인 공산당 청년을 양아들로 삼은 것은, 원수 사랑의 계명을 지킨 것뿐 아니라, 좌우의 이념을 뛰어 넘은 행동이었습니다. 해방 후 전국이 우익과 좌익으로 나뉘어 싸우고 있었는데, 기독교를 적으로 생각하던 좌익 학생에 의하여 두 아들이 죽은 것이었습니다. 그는 당시 좌우 이념의 대결에 대하여 잘 알고 있었고, 기독교는 좌우의 이념을 초월할 수 있으며 또 그래야 한다고 믿었습니다. 이념을 뛰어 넘는 것은 결국 역사의 주인이신 하나님에 대한 신앙을 가지고 혐오를 극복하고 서로 사랑하는 길밖에 없다고 생각한 것입니다. [손동희, 『나의 아버지 손양원 목사』, 아가페 출판사]

1. 지금 우리 사회는 여러 가지 갈등과 차별 대우로 갈라져 있습니다. 계층, 이념, 노사, 지역, 세대, 남녀 등등. 가장 큰 문제는 무엇이라고 생각하십니까? 서로 다름에도 불구하고 교회에서 그 차이를 극복하고 사랑과 용서를 느낀 적이 있으면 서로 나누어봅시다.

○ 은혜 받은 사람은 자랑할 것이 없다

2. 하나님의 은혜로 구원받은 사람은 왜 자랑할 수 없습니까?

롬 3:27 ⁝⁝⁝⁝⁝⁝⁝⁝⁝⁝⁝⁝⁝⁝⁝⁝⁝⁝⁝⁝⁝⁝⁝⁝⁝⁝⁝⁝⁝⁝⁝⁝

갈 6:14 ⁝⁝⁝⁝⁝⁝⁝⁝⁝⁝⁝⁝⁝⁝⁝⁝⁝⁝⁝⁝⁝⁝⁝⁝⁝⁝⁝⁝⁝⁝⁝⁝

⁝⁝⁝⁝⁝⁝⁝⁝⁝⁝⁝⁝⁝⁝⁝⁝⁝⁝⁝⁝⁝⁝⁝⁝⁝⁝⁝⁝⁝⁝⁝⁝⁝⁝⁝

⁝⁝⁝⁝⁝⁝⁝⁝⁝⁝⁝⁝⁝⁝⁝⁝⁝⁝⁝⁝⁝⁝⁝⁝⁝⁝⁝⁝⁝⁝⁝⁝⁝⁝⁝

'자랑'(pride)이라는 것은 단순히 내가 가진 것을 뽐내는 것 정도를 말하는 것이 아닙니다. 한 사람의 전 존재를 지탱해 주는 가치, 자신이 평생을 들여 믿어온 신념, 그것을 위하여 자신을 바칠 수도 있는 것이 자랑의 대상입니다. 유대인에게는 율법과 전통이 자랑이었고, 헬라인에게는 지혜가 자랑이었습니다. 현대인들의 경우, 과학 문명이나 국가의 위엄 같은 것들을 자랑으로 여기고 있습니다. 그러나 그런 것들이 우리를 구원해 줄 수 없습니다. 우리의 구원은 오직 하나님으로부터 난 것이고, 그분이 주신 것은 모두 은혜로 주신 것입니다.

3. 예수님께서 베푸시는 은혜와 우리가 자랑하는 것들을 비교해 봅시다.

약 1:9-10 ....

....
벧전 1:23-25 ....

....

....

....

....

이 세상의 높은 지위는 풀꽃의 영광에 불과합니다. 풀끝에 달린 들꽃도 참 아름답지만 뜨거운 바람이 불면 금세 사라집니다. 그러나 하나님이 우리에게 주신 말씀은 마치 우리에게 뿌려진 씨와 같아서 썩어 없어지지 않고 세세토록 있습니다. 그 씨, 즉 하나님의 말씀은 우리 속에 살아 있어서 우리의 양심을 깨우치고 하나님의 뜻과 인생의 의미를 알게 합니다. 이 모든 것이 하나님이 주신 은혜니 우리가 어떻게 우리의 것을 자랑할 수 있겠습니까.

○ 은혜 받은 자의 변화된 교회 생활: 화해와 일치

4. 다음 구절들은 교회 내의 분열과 화해에 관하여 어떤 교훈을 우리에게 줍니까? 왜 우리는 화해해야 하는 것일까요?

고후 5:18 --

고전 4:7 ---

신약의 교회 가운데 가장 심한 분열을 경험하였던 교회는 고린도 교회입니다. 유대인과 헬라인 간의 갈등, 아볼로의 지혜로운 말씀을 따르는 사람과 사도 바울을 고수하려는 사람들의 갈등으로 교회가 4분 5열 되었습니다. 교회가 분열되는 것은 사람이나 사람의 전통을 자랑하기 때문입니다. 그런데 우리가 가진 것 가운데 모든 것이 하나님의 은혜로 받은 것이기에 자랑할 것이 하나도 없습니다. 이 사실을 분명히 아는 사람은 다른 사람과 화목합니다.

5. 다음 구절들은 교회의 일치와 연합에 대하여 무엇이라 명령합니까? 그리고 그렇게 하여야 할 이유가 무엇입니까?

엡 4:3

엡 2:8

에베소서는 교회의 일치와 연합에 대하여 강조하는 성경입니다. 십자가 죽음으로 민족과 인종 사이의 담을 허신 그리스도를 믿는 교회는 원리적으로 이미 하나가 되었습니다. 원리적으로 하나 된 교회는 이제 그 하나 됨을 나타내 보여야 합니다. 어떻게 할 수 있을까요? 우리의 구원이 하나님의 은혜에 의한 것임을 온전히 깨닫고 그 은혜의 부르심에 합당하게 살아감으로 모든 분열을 끝내고 하나가 될 수 있습니다. 안타깝게도 그 동안 한국교회는 이기적 욕망과 교권주의로 분열을 거듭해 왔습니다. 하나 되라고 하신 성령의 명령을 지키지 못하고 이기적 욕망과 교권주의로 분열의 아픔을 겪고 있습니다. 교회의 연합은 하나님의 명령이고 시대적 사명입니다.

◦ 은혜 받은 자의 사회생활: 차별이 없음

6. 하나님은 사람을 차별하지 않고 은혜를 베푸십니다. 다음 구절을 통하여 하나님은 어떤 종류의 차별을 철폐하시는지 살펴보세요.

롬 3:29-30 --

고전 1:27-28 ---

갈 3:28 ---

하나님은 모든 민족을 만드신 분이기 때문에 민족적 차이를 크게 보지 않으십니다. 또한 세상의 지식이나 학벌, 신분의 고하, 부자와 가난한 자, 사회적 지위, 가문의 영예 등을 아무것도 아닌 것으로 생각하십니다. 이것들에 집착하는 사람들은 하나님의 은혜를 알 수 없고 받을 수도 없습니다.

7. 하나님이 세상의 모든 차별을 없애시는 분임을 아는 사람들은

어떻게 살아가야 합니까?

벧전 5:5 ....

....

....

몬 1:10, 12 ....

....

차별이 없다고 하여서 상대를 함부로 대하라는 것이 아닙니다. 그리스도 안에서 모든 사회적 지위가 철폐되었으나 현실적으로 는 아직 그렇지 않습니다. 그리스도께서 다시 오실 때 비로소 모 든 높낮이가 없어질 것입니다. 그러므로 그때가 이르기까지 낮은 사람은 그리스도 안에서 자신의 지위가 높아졌지만, 현실적인 상 관을 두려움과 겸손으로 섬기고, 높은 사람은 다른 이들을 형제로 대우하여야 합니다. 바울은 도망한 노예인 오네시모를 옛 주인 빌레몬에게 부탁하면서 오네시모를 '아들', '심장', '형제' 등으로 부릅니다. 그러면서도 주종 관계의 제도를 인정하며 그를 해방시 켜 줄 것을 간곡히 청하였습니다.

NOTE

핵심 포인트

은혜 받은 사람은 자신이 그 동안 신념으로 여겨 왔던 것들이 상대적인 가치밖에 지나지 않음을 알고 자랑을 멈추게 됩니다. 이런 사람의 삶은 교회에서도 사회에서도 크게 달라집니다. 교회는 사회적 지위가 다른 사람들이 함께 모인 공동체이기에 교회에 갈등과 분열이 있는 것은 어찌 보면 당연한 일입니다. 그러나 하나님의 은혜에 비하여 그 사회적 차이가 아무것도 아님을 알게 될 때 그 차이를 극복하고 화해와 일치로 나아갈 수 있습니다. 교회에서 하나 됨을 경험한 사람은 사회에 나가서도 갈등을 해소하고 차별을 철폐하기 위하여 투쟁하기 마련입니다.

한 주간 기도

구원의 은혜가 얼마나 큰지 날마다 깨닫게 하옵소서. 그리스도 외에는 자랑할 것이 없음을 고백합니다. 교회에서나 직장에서나 모든 차별과 싸우고 화해를 이루는 평화의 사람이 되게 하옵소서.

한 주간의 실천

말씀의 거울로 본 나의 삶	월	화	수	목	금	토	주일
1. 하나님의 은혜를 생각하면서 내게 있는 자랑할 만한 것들을 내려놓는 연습을 하는가?							
2. 우리 교회의 가장 연약한 사람들을 위하여 기도하며 그들을 돕기 위하여 힘쓰는가?							
3. 내 마음에 다른 사람을 차별하고 혐오하는 마음이 있는지 깊이 돌아보자. 그들을 위하여 나와 우리 교회가 할 수 있는 일이 무엇인지 찾아보자.							

4

거저 받았으니
거저 주어라

핵심 성경구절

"병든 자를 고치며 죽은 자를 살리며 나병환자를 깨끗하게
하며 귀신을 쫓아내되 너희가 거저 받았으니 거저 주라"(마
10:8).

하나님께서 가장 귀하게 여기신 그 아들을 우리의 죄를 사하기 위하여 내어
주셨으니, 우리도 하나님과 교회 앞에 주께서 원하시는 것을 조건 없이 드려
야 합니다. 이것이 은혜의 복음을 받고 누리는 자의 증거입니다. 하나님께서
그 아들을 내어 주신 큰 사랑과 우리를 위하여 자신을 희생하신 그 아들의
은혜를 받은 사람이, 그와 상관없이 자기 자신의 삶을 산다는 것은 있을 수
없습니다. 은혜 받은 사람은 은혜의 삶을 살아야 합니다.

- 『개혁주의생명신학 선언문』, 105.

○ 아프리카 선교사 리빙스턴의 헌신

'암흑대륙의 아버지'로 불리는 스코틀랜드 출신 아프리카 선교사 데이비드 리빙스턴(1813-1873)의 이야기입니다. 리빙스턴의 부모는 몹시 가난하여, 아홉 식구가 노동자 아파트의 단칸방에서 살아야 했습니다. 리빙스턴은 10-24세까지 가계를 돕기 위해 방적 공장에서 일하였습니다. 하루는 그가 다니는 교회에서 아프리카를 위한 헌금을 하였습니다. 헌금 접시가 돌아가면서 헌금을 받고 있을 때 접시가 리빙스턴 앞에 이르자 그는 대뜸 그 위에 올라앉았습니다. 헌금을 거두는 분이 놀라서 묻자, 리빙스턴이 대답하였습니다. "저는 가난하여 돈이 없으니 제 몸을 바치겠습니다."

리빙스턴은 이날 약속한 대로 자신을 드렸습니다. 그는 신학과 의학을 공부하였고 준비를 마치자 27세 때 아프리카로 향하였습니다. 60세에 죽을 때까지 그는 아프리카를 위하여 복음을 전하였습니다. 당시는 노예무역이 성행하던 때였는데, 리빙스턴은 아프리카인도 영혼을 가진 사람이라고 호소하며 노예무역 중지를 위하여 노력하였습니다. 선교의 과정에서 사자에게 물려 왼팔을 쓰지 못하게 되었고, 노예무역을 하는 백인들이 그의 집을 파괴하기도 하는 시련을 겪었습니다. 그 뒤 오랜 동안 지병으로 고생하다가 몸이 너무 약해져서 결국 병들어 죽고 말았습니다. 사람들이 잠비아에서 그를 발견하였을 때, 그는 무릎을 꿇고 기도하는 모습이었다고 합니다. [김학중, 『데이비드 리빙스턴: 불굴의 복음 탐험가』, 넥서스Cross]

1. 리빙스턴처럼 한 대륙을 위하여 큰 업적을 남기지는 않았지만, 우리 주변에는 자기에게 주어진 작은 일을 헌신적으로 감당하는 사람들이 많이 있습니다. 가까이에서 이런 귀한 성도들의 헌신 이야기를 나누어 봅시다.

○ 은혜받은 사람은 자신을 드리는 삶을 산다

2. 값없는 은혜를 주신 하나님은 우리가 어떤 사람이 되기를 원하십니까?

엡 2:10

딛 2:14

하나님이 우리에게 은혜를 주신 것은 우리를 변화시켜 선한 일을 하는 사람으로 만들기 위함입니다. 하나님이 우리에게 구하는 것은 우리의 물질이나 헌신이 아니라 우리 자신의 변화입니다. 하나님은 무엇이 부족하여 우리에게 구하는 분이 아닙니다.

3. 은혜받은 사람이 드려야 할 것은 무엇입니까?

롬 6:13 _____

_____

_____

롬 12:1 _____

_____

_____

하나님의 은혜로 살아가는 사람은 반드시 자신을 하나님께 드리려 합니다. 받은 은혜를 조금이라도 갚고 싶은 심정 때문일 것입니다. 성경은 우리의 지체를 의(義)를 위한 무기로 드리라고 합니다. 이 땅은 의와 불의의 전쟁터인데, 하나님의 의로우신 뜻을 이 땅에 이루기 위하여 싸우는 무기가 되어야 한다는 말입니다. 무기의 영광은 장식장에 멋지게 진열되는 것이 아니라 장수와 병사의 손에 들려 사용되다가 들판에 버려지는 것입니다.

○ 하나님께 드리는 사람의 마음가짐

4. 예수님에게 향유를 부은 마리아는 하나님께 드리는 사람의 마음가짐을 잘 보여 주는 예입니다. 다음 구절을 읽고 마리아의 마음이 어떠했는지 설명해 봅시다.

요 12:3 ....

....

....

예수님을 지극히 사랑하였던 마리아는 죽은 오라비를 살려주신 데 대한 감사를 표현할 길이 없어 예수님에게 비싼 향유를 붓습니다. 노동자 삼백 일 분의 급료에 해당하는 삼백 데나리온을 주고

산 값비싼 향유입니다. 향유를 머리에 부어 머리카락과 수염을 타고 내려와 옷 속으로 스미게 하고, 온몸에 고루 퍼지게 하는 것이 당시의 향유를 붓는 방식입니다. 그런데 마리아는 향유를 예수님의 발에 부었습니다. 자신의 모든 것을 드려서 산 자신의 전부와도 같은 것이지만, 예수님의 고귀하신 머리에까지 바를 정도로 소중하지는 않다고 느꼈던 것입니다.

5. 다음 구절들은 하나님께 헌신하는 자들의 마음가짐에 대하여 또 무엇을 말씀하고 있습니까?

마 10:8 ....

....

....

행 20:33-35 ....

....

....

....

....

우리가 가진 모든 것이 하나님에게서 거저 받은 것이기 때문에 거저 주어야 합니다. 조건 없이 모든 것을 내어 주어야 합니다. 그 은혜 앞에서 이기적인 주장이 있을 수 없습니다. 예수님의 뜻을 잘 이해한 사도 바울은 복음 전도의 대가를 받지 않고 손으로 일하여 자신과 동료들의 비용을 충당하였습니다. 주는 것이 받는 것보다 복이 있습니다.

○ 칭찬과 보상도 하나님의 은혜

6. 하나님의 은혜를 입은 사람들이 최선을 다하여 헌신적인 삶을 사는 것이 왜 자랑할 만한 일이 될 수 없습니까?

눅 17:10 --

고전 15:10 --

하나님의 은혜를 입은 사람들은 그 은혜에 조금이라도 보답하려는 마음으로 헌신적인 삶을 살기 마련입니다. 그러나 그렇다고 해서 우리가 우리의 공로를 하나님 앞에 내세울 수는 없습니다. 우리의 선행과 하나님의 표준 사이에는 무한한 차이가 있기 때문이며, 우리의 선행에 사악함이 혼재되어 있기 때문입니다. 그러므로 우리가 할 수 있는 것을 다 했다 할지라도 우리는 우리의 의무를 다한 것뿐이요, 무익한 종이라고 고백할 수밖에 없습니다.

7. 하나님은 우리가 한 일에 대하여 후일 천국에서 어떤 보상을 주십니까?

계 2:10

계 4:10 ....

....

....

하나님께서는 우리가 한 선행이 불완전한 것이라 할지라도 그 선행을 용납하시고 상을 베푸십니다. 우리의 선행들이 성령 안에서 행해진 것이기 때문입니다. 성경에서는 사후에 우리가 받을 상급과 영광에 대하여 약속하고 계십니다. 그러나 그 상을 받은 사람들은, 마치 이십사 장로들이 자신의 관을 어린 양 앞에 벗어 드리는 것처럼, 자신이 행한 것이 그리스도의 공로로 가능하게 된 것임을 고백하며 모든 영광을 그리스도께 돌릴 것입니다.

NOTE

핵심 포인트

오늘날 많은 그리스도인들은 이미 받은 하나님의 은혜 외에 또 다른 것들을 달라고 할 뿐, 그리스도를 위하여 고난받고 헌신하려 하지 않습니다. 그러나 하나님의 은혜를 받고 있는 사람들은 그 은혜를 다른 이들에게 아낌없이 나눠 줍니다. 자신의 것을 헌신하면서도 그것을 자랑하거나 생색내는 것이 아니라, 자신이 하는 일이 너무 작음을 부끄러워하면서 드립니다. 예수께서 우리를 위하여 하신 일이 너무 크기 때문에 우리가 최선을 다한 후에도 이 모든 것이 하나님의 은혜였다고 고백할 수밖에 없습니다. 하나님은 우리에게 칭찬과 상을 주시지만 우리는 그것을 받을 자격이 없음을 알기에 모든 영광과 찬송을 그리스도께 돌립니다. 이것이 바로 은혜를 아는 사람의 삶의 자세입니다.

한 주간 기도

내게 이미 주신 은혜가 너무 커서 감당할 수가 없습니다. 몸밖에 드릴 것 없어 이 몸 바치오니 의의 무기로 사용하옵소서. 평생 주를 위하여 헌신하다가 천국 입성할 때, "나는 무익한 종입니다. 하여야 할 일을 한 것뿐입니다" 고백하며 들어가게 하소서.

한 주간의 실천

말씀의 거울로 본 나의 삶	월	화	수	목	금	토	주일
1. 나의 몸을 하나님의 의로우신 일을 위하여 드렸는가, 아니면 죄의 낙을 누리는 데 사용하였는가?							
2. 천국을 바라보면서 하나님이 나에게 주실 상을 기대하며 살았는가?							
3. 거저 받았으니 거저 주라고 말씀하셨는데, 내가 가진 것 중에 다른 사람을 위하여 줄 수 있는 것이 무엇인지 생각해 보자.							

개혁주의생명신학
선언문

4. 오직 은혜

용서와 화해의 복음

종교개혁자들은 당시 중세교회의 공로주의를 반대하고 은혜를 강조하였습니다. 은혜는 하나의 교리가 아니라 하나님이 베푸시는 실제입니다. 은혜를 받은 사람은 매일 은혜를 되새기고, 그 은혜를 헛되지 않게 하는 삶을 살게 됩니다. 은혜를 받은 사람은 다른 사람을 용서하고, 모든 장벽을 허물고 하나 되라는 화해의 명령을 순종하며, 자기의 것을 아낌없이 거저 줄 수 있게 됩니다.

구원은 하나님의 전적 은혜입니다. 구원은 인간의 공로로 얻을 수 없습니다. "이는 그리스도 예수 안에서 우리에게 자비하심으로써 그 은혜의 지극히 풍성함을 오는 여러 세대에 나타내려 하심이라 너희는 그 은혜에 의하여 믿음으로 말미암아 구원을 받았으니 이것은 너희에게서 난 것이 아니요 하나님의 선물이라 행위에서 난 것이 아니니 이는 누구든지 자랑하지 못하게 함이라"(엡 2:7-9). 구원은 하나님의 선물입니다. 인간이 누리는 자연적 생명이 선물이듯, 영적 생명도 하나님의 은혜의 선물입니다. 그래서 자력 구원은 있을 수 없습니다. 자기 스스로 영원한 생명을 만들어 낼 수 있는 사람은 아무도 없기 때문입니다.

착하게 살면 천국 가는 것이 아니라, 하나님께서 제시하신 구원의 유일한 길인 예수 그리스도를 믿고 순종함으로, '오직 은혜'(sola gratia)로 천국에 갑니다. 악인이라도 돌이켜 회개하며 하나님이 주신 예수 그리스도의 복음의 진리의 길을 받아들이고 따르면 천국에 들어갑니다.

1. 구원은 하나님의 전적인 은혜다

'오직 은혜'란 우리의 믿음과 구원을 포함한 모든 것이 하나님의 은혜임을 의미합니다. 성경은 주님이 은혜의 하나님이심을 증언하고 있습니다. "여호와는 긍휼이 많으시고 은혜로우시며 노하기를 더디하시고 인자하심이 풍부하시도다"(시 103:8). 우리의 구원은 오직 하나님의 은혜로 말미암은 것입니다. "너희가 그 은혜에 인하여 믿음으로 말미암아 구원을 받았으니"(엡 2:8). 그러므로 "내가 나 된 것은 하나님의 은혜이기"(고전 15:10) 때문에 우리는 아무것도 자랑할 수 없습니다. 종교개혁자들은 중세교회에서 잊혀진 어거스틴의 은혜의 신학을 재발견했습니다. 그러기에 개혁자들은 공통적으로 오직 하나님의 은혜를 강조하였는데, 하나님의 은혜가 이신칭의 교리의 토대가 되기 때문입니다.

구원은 인간의 어떤 공로의 결과가 아닙니다. 모든 자연인이 가진 양심으로는 구원을 얻지 못합니다. 양심은 하나님께서 사람의 심령에 기록하신 법입니다. 타락으로 인해 파손되고 흐려지고 어두워졌지만, 양심은 여전히 마음에 기록된 율법의 역할을 합니다. 하지만 인간이 양심에 따라 선하게 산다 해도, 그 양심의 행위만으로는 구원받지 못합니다. 모든 사람이 죄를 범했고, 아무도 하나님의 영광에 이르지 못하기 때문입니다(롬 3:23). 하나님께서 받으실 만한 완벽한 의를 행할 사람은 아무도 없습니다.

우리는 구약의 율법을 지킴으로써 구원을 받지 못합니다. 하나님께서 마지막 때에 그 아들을 통해 말씀하셨고(히 1:1-2), 오직 예수 그리스도만이 길이요 진리요 생명이 되시기 때문입니다(요 14:6). 그러므로 '율법의 행위'가 아니라 '예수 그리스도를 믿음'으로 구원을 얻습니다(롬 3:19-28; 갈 2:16). 때가 찼고, 하나님께서 세상을 구원하시기 위해 그 아들을 보내셨기 때문입니다(요 3:16). 그 아들이 우리의 구원을 위한 하나님의 최고의 은혜의 선물입니다.

그러므로 그 어떤 인간의 행위나 제도나 조직도 구원을 하나님의 은혜의 선물이 아닌 대가로 여기게 만들 수 없습니다. 중세교회처럼 신부나 사제의 중간 역할이 신자의 구원에 필수적인 조건이 될 수 없습니다. 성도는 성부 하나님의 뜻에 따라 속죄 제물 되신 예수 그리스도의 공로를 믿을 때 성령 하나님의 역사에 따라 구원을 받습니다.

우리의 구원을 위한 하나님 자신의 역사 외에, 다른 인간의 공로나 지위나 제도가 끼어들 수 없습니다. 성도 개인의 구원은 오직 하나님의 은혜로 말미암는 것입니다. 좋은 목회자는 성도들의 삶에 꼭 필요하고 유익하지만, 그 어떤 목회자도 성도의 구원의 중보자 자리에 설 수 없습니다. 하나님과 사람 사이에 중보자는 한 분 예수 그리스도뿐입니다(히 12:24).

신자의 윤리의식이 현격히 저하된 오늘의 현실에서, 성도의 윤리적 행위를 독려하기 위해 우리의 선행이 구원의 조건이며 성도의 악행이 구원을 '취소'한다는 '행위 구원론'적 주장도 받아들일 수 없습니다. 하나님의 택하심과 부르심에는 후회하심이 없습니다(롬 11:29; 벧후 1:10). 성도의 선한 행실은 구원의 열매이지 조건이 아닙니다(엡 2:10). 거듭난 영적 생명의 열매로서 선한 행실이 없다면, 그것은 단지 처음부터 영적 생명이 아니었음을 드러낼 뿐입니다(약 2:14-26).

우리의 구원이 전적으로 하나님의 은혜의 선물이라는 사실은, 인간이 전적으로 타락하고 부패한 존재라는 사실과 짝을 이룹니다. 자연인으로 태어난 인간의 일부가 타락하고 훼손된 것이 아닙니다. 하나님의 형상으로 지음받은 인간 전체가 죄로 오염되었고 사망의 권세 아래 놓여 있습니다. 인간은 영적, 지적, 의지적, 정서적인 측면 모든 면에서 타락한 존재입니다. 그러므로 옛 사람을 버리고 새 사람을 입으라고 한 것입니다.

"하나님을 따라 의와 진리의 거룩함으로 지으심을 받은 새 사람을 입으라"(엡 4:24).

"새 사람을 입었으니 이는 자기를 창조하신 이의 형상을 따라 지식에까지 새롭게 하심을 입은 자니라"(골 3:10).

인간은 태어나서 죄를 짓기 전에도 이미 죄와 사망의 권세 아래 놓여 있습니다. 첫 사람 아담의 불순종으로 죄가 세상에 들어온 것입니다(롬 5:12). 첫 사람 아담 안에서 태어난 모든 사람은 죄와 사망, 그리고 하나님의 진노 아래 놓여 있습니다. 심판은 확정된 것입니다. 사람에게 한 번 죽는 것은 정한 바요, 그 후에는 하나님의 심판이 기다리고 있습니다(히 9:27).

인간은 스스로의 힘으로 구원을 만들어 내거나 얻어낼 아무런 가능성이 없습니다. 구원받을 만한 의를 상실한 자요, 죽음에 종노릇

하는 자일 뿐 아니라, 그 지성은 어두워졌고, 감성은 왜곡되었으며, 의지는 선을 행하기에 무력해졌습니다(롬 1:21-23; 엡 4:18). 자신의 외부에서 도움의 손길이 없다면 스스로 의를 얻거나 영적 생명을 얻거나 하나님께서 받으실 만한 선을 행할 수 없는, 전적으로 타락하고 비참한 존재입니다.

구원은 오직 삼위 하나님의 은혜의 선물입니다. 성도의 구원은 삼위 하나님의 계획과 실행, 적용을 통해 은혜로 주어진 선물입니다. 그러므로 성도는 우리를 위하여 이루어 주신 구원을 인하여 영원토록 삼위 하나님께 감사하며 찬송을 드릴 수밖에 없습니다. 우리의 구원은 성부 하나님께서 창세전부터 계획하사 뜻을 품으신 결과입니다(엡 3:11; 약 1:18; 벧전 1:2-4). 성부께서 뜻하지 않으셨다면 우리의 구원은 있을 수 없습니다. 그만큼 구원은 하나님의 주권적 의지요 선택에 따른 은혜의 선물입니다.

하나님께서 '야곱은 사랑하고 에서는 미워하셨다'고 해서 하나님이 불공평하시다고 말할 수 있는 존재는 없습니다(롬 9:13). 하나님은 불공평하시지 않습니다. 하나님이 정하시고 행하시는 것이 공평이기 때문입니다. 인간은 하나님이 아닙니다. 인간은 창조주가 아닙니다. 인간은 심판주도 아닙니다. 인간은 율법을 만든 존재가 아니라, 율법을 지켜야 하는 존재입니다(약 4:12). 인간은 이미 법을 어겼고, 죄를 범했으며, 오직 그 죄에 대한 형벌인 사망만이 그에게 마땅한 상태에 있습니다. 그에게 심판과 형벌은 공정한 것이고, 죄의 용서와 구원은 오히려 불공평한 것이 됩니다. 사망이 선고된 죄인에게 구원이란 '불공평한 은혜의 선물'이 됩니다(마 20:1-16).

하나님은 자신의 뜻에 따라 불쌍히 여길 자를 불쌍히 여기십니다(롬 9:15). 그러므로 우리의 구원은 우리가 일한 대가로 주어지는 삯이 아닙니다. 다만 하나님의 뜻과 그의 긍휼의 결과입니다. 율법의 행위로 구원을 얻는 것이 아니라, 오직 하나님이 선물로 주신 그 아들 예수 그리스도를 믿음으로 구원을 얻습니다. 하나님께서는 그 아들을 믿는 자들에게 그들의 불법을 사해 주시고, 그들이 일한 대가와는 비교할 수 없는 의와 구원을 선물로 주십니다. 그래서 성도는 받았고, 받고 있고, 온전히 받을 구원을 인하여 영원토록 하나님의 은혜에 감사하고 그를 찬송할 수밖에 없습니다.

그 어떤 자랑이나 공로도 있을 수 없습니다. 우리의 구원은 오직 하나님께서 보내신 그 아들 예수 그리스도의 순종하심을 근거로 이루어진 것입니다. 성부 하나님께서 뜻하시고, 성자 하나님께서 그 아버지의 뜻에 따라 이 땅에 오셨습니다. 아버지의 뜻은 죄 없으신 그 아들이 우리의 죄를 대신 짊어지시고 죽음의 형벌을 받아 우리를 죄와 사망의 권세로부터 해방시키는 것을 포함합니다. 아들이신 예수 그리스도께서는 오직 아버지의 뜻에 순종하여, 하늘 보좌를 버리시고 종의 형체를 취하여 우리와 같은 사람의 모양으로 오셨을 뿐 아니라, 자신을 낮추시되 십자가에서 죽기까지 성부의 뜻에 복종하셨습니다(빌 2:6-8).

그러므로 인간의 그 어떤 선행과 순종도, 우리를 위하여 아버지의 뜻에 순종하신 죄 없으신 성자 하나님의 순종과 비교할 수 없습니다. 성도의 순종은 그 아들의 순종을 통해 구원을 얻은 결과이지 결코 원인이 아닙니다. 그리스도께서 십자가에서 죽고 부활하심으로써 죄와 사망을 이기셨습니다. 성령 하나님은 성자 하나님이신 예수 그리스도께서 성취하신 구속사적 사건의 효력을 신자인 우리에게 적용하십니다. 그 결과는 칭의와 중생이며, 회개와 믿음이요, 그 믿음의 결과인 순종과 선한 열매들입니다. 그러므로 우리의 구원은 성부 하나님의 의지와 성자 하나님의 순종과 성령 하나님의 거룩하게 하심으로 우리에게 이루어지는 은혜의 선물입니다(벧전 1:2-3).

2. 하나님의 은혜를 헛되이 하지 말아야 한다

구원이 전적으로 하나님의 은혜의 선물이라는 사실을 오해하거나 악용할 위험이 항상 있어 왔습니다. 성경은 은혜의 복음을 선포하면서 이미 이러한 위험을 예상하고 있었습니다. 구원이 오직 하나님의 은혜의 선물이라면, 아무렇게나 살아도 된다고 생각하는 오해입니다. 더 나아가, 하나님의 은혜를 악용하는 자리에 떨어질 수도 있습니다. 죄가 더한 곳에 은혜가 넘쳤으므로(롬 5:20), 계속해서 죄를 짓고 죄 가운데 거하는 것이 오히려 은혜를 더하게 하는 것이라는 궤

변을 늘어놓는 것입니다.

오늘날도 '오직 믿음으로 의롭다 함'을 얻었으므로 결국 아무렇게나 살아도 된다는 식으로 칭의의 복음을 오해하고 또 악용하는 자들이 있습니다. '오직 믿음'이란 '오직 예수 그리스도를 믿음'입니다. 그래서 예수 그리스도를 믿고 세례를 통해 그와 연합한 자가 예수 그리스도의 생명과 거룩 없이 산다는 것은 거짓이요 자기기만일 뿐입니다. 하지만 오늘날 하나님의 구원의 은혜를 남용하는 현상은 비일비재합니다. 하나님의 은혜를 방탕과 탐욕거리로 변질시키는 거짓 복음이 횡행합니다(유 4). 하나님께서 우리에게 은혜의 복음을 주신 것은 다시 죄에 얽매여 죄로 인해 망하는 거짓 자유를 위한 것이 아닙니다. 도리어 경건과 선한 일을 통해 참 백성을 만들기 위해 주신 것입니다

"모든 사람에게 구원을 주시는 하나님의 은혜가 나타나 우리를 양육하시되 경건하지 않은 것과 이 세상 정욕을 다 버리고 신중함과 의로움과 경건함으로 이 세상에 살고 복스러운 소망과 우리의 크신 하나님 구주 예수 그리스도의 영광이 나타나심을 기다리게 하셨으니 그가 우리를 대신하여 자신을 주심은 모든 불법에서 우리를 속량하시고 우리를 깨끗하게 하사 선한 일을 열심히 하는 자기 백성이 되게 하려 하심이라"(딛 2:11-14).

오늘날 이 땅의 교회에 편만한 은혜의 남용과 왜곡은 우리로 하여금 다시 한번 '오직 은혜'의 복음의 본질을 회복하기를 요청합니다. 교회는 다시 세속적인 욕망과 헛된 영광의 포로가 되었습니다. 말로는 오직 성경을 외치고 정통 교리를 보수한다고 하지만, 실제로는 탐욕과 헛된 영광을 위한 분열을 계속하고 있습니다. 오직 은혜의 복음에 따른 용서와 화해는 찾아볼 수 없게 되었습니다. '오직 은혜'의 복음은 외치지만, 은혜가 증거가 되는 회개와 용서와 화평의 삶은 찾아보기 어렵게 되었습니다. '오직 은혜'로 구원받았다고 하지만, 더욱 경건하고 근신하며 선한 일을 열심히 행하는 참 백성이 되는 일에 실패했습니다.

우리가 서로 다투는 이유는 교만한 마음을 품고 남보다 잘났다는 생각을 하기 때문입니다. 이런 교만한 마음이 생기는 것은 우리의 모든 것이 하나님의 은혜임을 인정하지 못하기 때문입니다. 모든 것이 하나님의 은혜임을 아는 사람은 교만한 마음을 품고 서로 잘났다고 싸우지 않습니다. "누가 너를 남달리 구별하였느냐 네게 있는 것 중에 받지 아니한 것이 무엇이냐 네가 받았은즉 어찌하여 받지 아니한 것같이 자랑하느냐"(고전 4:7).

'오직 은혜'를 외치는 데서 끝나지 말고 반목과 질시, 분열과 다툼을 내어버리고 자기를 부인하고 서로 용서하고 화목해야 합니다. 주어진 일을 감당할 때 대가를 기대하지 않고 주님의 은혜에 감사하면서 일하는 하나님의 일꾼이 되어야 합니다.

3. 거저 받았으니 거저 주어야 한다

'오직 은혜'의 복음의 핵심은, 우리가 이 놀라운 구원을 거저 받았다는 사실에 있습니다. 성부 하나님의 주권적 의지가 아니었다면, 또한 성자 하나님의 철저한 순종이 아니었다면, 그리고 성령 하나님의 말할 수 없는 탄식의 긍휼이 아니었다면, 우리 중에 아무도 거듭난 영적 생명을 얻거나 누릴 수 없습니다(벧전 1:2). 구원은 삼위 하나님의 전적인 택하심과 부르심의 결과입니다. 성도가 이러한 은혜의 복음 안에 거한다면, 그는 은혜의 사람이 될 수밖에 없고 반드시 그런 증거들을 삶의 열매로 맺어야 합니다. 그렇지 않다면, 그는 가짜로 판명날 수밖에 없을 것입니다. 열매를 보아 나무를 알게 되기 때문입니다.

우리의 모든 것이 하나님께로부터 은혜로 받은 것이요, '나의 나 된 것이 하나님의 은혜'라고 한다면 우리는 하나님께서 우리에게 은혜로 허락하신 것들을 우리의 이웃과 나누어야 합니다. 거저 받았으니 거저 주어야 합니다. 우리는 먼저 생명의 복음을 나누어야 합니다. 하지만 거기에서 끝나서는 안 됩니다. 우리는 물질을 포함한 모든 것, 심지어는 생명까지라도 기꺼이 나누어야 합니다.

거저 받은 사람은 거저 줄 수밖에 없고, 거저 주어야 합니다. 하나님의 아들이 하늘 보좌를 두고 나를 위하여 이 땅에 찾아와 주신 그 은혜를 아는 사람은, 자신도 아무 조건 없이 모든 것을 아버지 하나님의 뜻을 위하여 내어 드려야만 합니다. 그 은혜 앞에서 이기적인 주장이 있을 수 없습니다. 자신이 가진 것 중에 하나님께로부터 오지 않은 것이 없습니다. 모든 것이 하나님이 주신 은혜의 선물입니다.

하나님께서 가장 귀하게 여기신 그 아들을 우리의 죄를 사하기 위하여 내어 주셨으니, 우리도 하나님과 교회 앞에 주께서 원하시는 것을 조건 없이 드려야 합니다(롬 6:13; 12:1). 이것이 은혜의 복음을 받고 누리는 자의 증거입니다. 하나님께서 그 아들을 내어 주신 큰 사랑과 우리를 위하여 자신을 희생하신 그 아들의 은혜를 받은 사람이, 그와 상관없이 자기 자신의 삶을 산다는 것은 있을 수 없습니다. 은혜 받은 사람은 은혜의 삶을 살아야 합니다.

하나님의 은혜의 복음을 받은 성도가 하나님께 드릴 수 있는 가장 큰 헌신은 용서와 화목입니다. 하나님께 죄를 용서받은 자는 이웃을 그와 같이 용서해야 합니다. 용서하지 못하는 것은 내가 심판하려고 하기 때문입니다. 심판주이신 하나님의 자리에 내가 앉을 수는 없습니다(약 4:12). 하나님께서는 이미 예수 그리스도 안에서 우리를 용서하셨습니다.

하나님께서 우리를 용서하심과 같이 우리에게 범죄한 자들을 용서하는 자만이 하나님의 그 놀라운 용서의 은혜를 체험하고 누립니다. 이것이 '우리가 우리에게 죄 지은 자를 사하여 준 것같이 우리의 죄를 사하여 주시길'(마 6:12) 간구하는 주기도문의 의미입니다. 주인에게 일만 달란트라는 엄청난 금액의 빚을 탕감받고 나오는 길에 자신에게 겨우 백 데나리온의 적은 돈을 빚진 동료의 멱살을 움켜쥐는 모습이 나의 어리석은 모습이 아닌지 돌아보고 회개하여야 합니다 (마 18:21-25).

주께서는 우리가 진심으로 형제들을 용서하기를 기뻐하십니다. 그러한 용서는 기도의 무릎을 꿇지 않고는 불가능합니다. 우리가 우리에게 죄 지은 자를 용서한다는 것은 우리의 부패한 자아로서는 불가능한 일입니다. 우리의 타락한 본성은 타인을 심판할 권리가 없으면서도 스스로 심판주의 자리에 올라갑니다. 그래서 용서하려면 주 앞에 겸손히 엎드려야 합니다(약 4:10). 모든 심판을 주께 맡겨야 합니다(롬 12:19; 벧전 2:23). 우리가 받은 은혜와 용서를 우리에게 죄 지은 자들에게도 흘려보내야 합니다. 이러한 순종은 무릎 꿇는 기도 없이는 불가능합니다. 성령 하나님께서 용서할 마음과 능력을 주시도록 기도해야 합니다.

화해는 그리스도인의 특권이요 의무입니다. 우리는 그리스도께로부터 화목하게 하는 직분을 받았습니다(고후 5:18). 오늘날처럼 교회가 분열된 때가 없었습니다. 예수님께서는 그리스도인의 연합이 제자 됨의 증거라고 말씀하십니다(요 13:35; 17:23). 오직 참된 사랑만이 연합을 가능하게 합니다. 그리스도인의 연합은 우리가 그 참된 사랑 안에 거하고 있다는 증거입니다.

온갖 이기심과 헛된 영광을 추구하는 부패한 인간 본성으로서는 참된 연합을 이룰 수 없습니다. 주께서 우리를 위하여 자신을 화목제물로 내어 주신 희생을 통해 죄인 된 우리를 하나님과 화목하게 하셨습니다(롬 3:25). 이처럼 우리도 우리 자신의 이기심과 헛된 욕망을 버리고 십자가 앞에서 자신을 부인하지 않으면, 형제와 화목을 이룰 수 없습니다. 그러므로 다시 우리는 기도의 무릎을 꿇고 성령의 도우심 앞에 온전히 엎드려야 합니다. 그리스도인의 연합과 화목은 성령께서 우리 안에 역사하고 계신 확실한 증거입니다.

하나님께서 오직 은혜로 구원의 선물을 허락하신 것은 그 은혜를 남용하거나 악용하게 하심이 결코 아닙니다. 우리의 믿음은 오직 은혜로 주신 구원에 합당한 열매로 드러나고 증명되어야 합니다. 모든 사람에게 구원을 주시는 하나님의 은혜는 도리어 우리를 양육하여 경건치 않은 것과 이 세상 정욕을 다 버리고 근신함과 의로움과 경건함으로 살게 하기 위함입니다(딛 2:11-12). 그리스도께서 우리를 대신하여 자신을 주신 은혜 역시 우리로 하여금 그 은혜 안에서 선한 일에 열심을 다하는 친 백성이 되게 하려 하심입니다(딛 2:14).

하나님의 은혜의 통치는 우리를 죄의 권세에서 해방하고, 또 하나님의 의를 이루는 거룩한 백성 위에 임하여 있습니다(롬 6:14). 누구든지 예수 그리스도 안에 있는 자는 결코 정죄함이 없습니다(롬 8:1). 그리스도 예수 안에 있는 생명의 성령의 법이 죄와 사망의 법에서 우리를 해방하였기 때문입니다(롬 8:1-2). 우리는 육신을 좇지 않고 영을 좇아 행하며(롬 8:4-6), 성령을 위하여 심어 성령으로부터 영생을 거두는 삶을 살아야 합니다(갈 6:8).

아무도, 그 어떤 것도, 사망이나 생명이나 천사들이나 권세자들이나 현재 일이나 장래 일이나 능력이나 높음이나 깊음이나 다른 아무 피조물이라도, 우리를 우리 주 그리스도 예수의 은혜로 나타난 하나님의 사랑에서 끊을 수 없습니다(롬 8:38-39). 우리에게 있는 대제사장은 언제나 모든 일에 우리와 똑같이 시험을 받으셨지만 죄는 없으십니다. 그러므로 우리의 연약함을 체휼하시는 그리스도를 의지하고, 때를 따라 돕는 은혜를 얻기 위하여 은혜의 보좌 앞에 담대히 나아가야 합니다(히 4:15-16).

우리에게 은혜로 주신 구원을 끝까지 온전히 이루어 가시는 분은, 우리를 택하시고 부르신 하나님입니다. 하나님의 은혜는 우리의 믿음이 견고한 인내를 통해 온전한 구원에 이르게 하기에 충분합니다. 그리스도 안에서 우리를 부르셔서 자기의 영원한 영광에 참여하게 하신 하나님은 '모든 은혜의 하나님'이십니다. 그분은 잠깐 고난당한 우리를 친히 온전하게 하시며 굳건하게 하시며 강하게 하시며 그리스도 안에서 터를 견고하게 하십니다(벧전 5:10). 이로써 우리는 오직 하나님의 은혜로 구원을 얻고, 이루어가며, 온전히 이룹니다. 우리는 '모든 은혜의 하나님'을 굳게 붙잡아야 합니다.